sinniger Reim – gereimter Unsinn
50 Gedichte aus dem Leben

Meiner lieben Familie

Holger Rainer Eichhorst

sinniger Reim – gereimter Unsinn

50 Gedichte aus dem Leben

Books on Demand GmbH

Bibliografische Information der Deutschen
Nationalbibliothek
Die Deutsche Nationalbibliothek verzeichnet diese
Publikation in der Deutschen Nationalbibliografie;
detaillierte bibliografische Daten sind im Internet über
dnb.d-nb.de abrufbar.

© 2009 Holger Rainer Eichhorst
Herstellung und Verlag: Books on Demand GmbH, Norderstedt
Satz und Layout: © Holger Rainer Eichhorst
Illustration:© Holger Rainer Eichhorst
Foto: © Thomas Decker
Lektorat und Co-Layout: © Petra Eichhorst und Thomas Decker
ISBN 9783839103821

Inhaltsverzeichnis

Vorstellung

Geboren wurde ich, man glaubt es kaum
als Baby, ich lutschte am Daum'.
In den Sechzigern ist das geschehen,
in Hamburg hatte ich das erste Licht gesehen.

Man wusste gleich, es ist ein Knab',
denn da vorne stand ein Stab.
Heute ist, so unterhalb vom Bauch,
eher ein Stück Bewässerungsschlauch.

Erst war ich Kind, dann wurde ich Schüler,
streckte nach ersten Mädchen aus meine Fühler,
alsbald Jugendlicher, junger Mann,
ging in die Lehre dann.

Fand eine Frau, habe Kinder gemacht.
Wurde immer älter, wer hätte das gedacht.
Nicht nur die Kinder wuchsen, sondern auch
durch Essen, Wein und Bier - mein Bauch.

Das war mein Leben von Anfang bis heute,
nicht so interessant wie das manch anderer Leute
Darum steht in diesem Gedicht auch nicht mehr drin,
hat ja auch keinen Sinn.

MENSCHLICHES UND UNMENSCHLICHES

Der Fleuch

Ist Dir versehentlich etwas entfleucht
und wurde dadurch die Luft verseucht,
sieh erst nach rechts und dann nach links
und rufe vorwurfsvoll: "hier stinkt's"

Sollte dann jemand erröten,
kann man säuselnd flöten:
„Mir ist das ja eigentlich ganz schnurz,
aber ich glaube, das war ein Furz."

Frau Nachbarin

Ich habe eine Nachbarin,
der kommt so manches in den Sinn,.
Die bügelt kurzerhand
die Raufasertapete glatt, an der Wand.

Auch werden vom Tatendrang beflügelt,
alle Socken trocken gebügelt.
Unterhemden, nasse Schuhe
haben vorm Bügeln keine Ruhe.

Und zieht einmal der Mann
ungebügelte Unterhosen an,
dann wird an ihm gebügelt und sie weiß
endlich macht sie ihn mal heiß.

Arbeitsdiktatur

Hängt die Zunge, das Aug' ist rot,
ist nicht mehr so weit der Tod.
Läuft man dann noch bläulich an,
kriegt man keine Luft wohl dann.

Doch ist das Sterben hier nicht schlimm,
Ersatz ist da – simsalabim.
Wen interessiert hier schon das Menschen-Sein,
wenn Geld verdient wird, nur das ist fein.

Da opfert man sehr gern ein Leben,
denn Gewinnmaximierung ist das Bestreben.

Computer

Es gibt da so ein Gerät,
das meistens am Schreibtisch steht.
Ein jeder kennt sich damit aus,
mit Computer, Peripherie und Maus.

Leider gehöre ich nicht der Gruppe an,
da ich mir die ganzen Begriffe nicht merken kann.
Ich bin einfach nur ein dummer user
und damit schon der perfekte looser.

Erst muss ich den PC hochfahren, ganz cool
bring ich ihn zum nächsten Fahrstuhl.
Doch meinte man, ich soll ihn starten,
das dauert, ich muss lange warten.

Jetzt muss ich ein paar Programme einrichten,
dazu schraube ich ihn auf, um zu sichten,
wo ich die Pakete am Besten hinlege
in diesem ganzen Kabelgehege.

Auch wusste ich nicht, dass man mit dem PC duschen kann,
denn ich mache jetzt den Browser an.
Jetzt kann ich alles bestellen im Internet,
brauch mich nicht mehr bewegen, das macht den Hintern fett.

Doch plötzlich wird er heiß, da nehme ich lieber
das Thermometer und messe Fieber.
Prüfe ihn auf Herz und Nieren
und stelle fest: Grippeviren

Das wird er wohl kaum überleben
Drum werde ich ihm den Gnadenschuss geben.
Ich schmeiße ihn raus, geh wieder ans Tageslicht.
Jetzt kriegt mich meine Frau auch wieder zu Gesicht.

Nach so langer Zeit waren wir dann froh,
das alte Feuer brannte wieder lichterloh.
Bedenke: ist in der Ehe nur noch Glut da,
Kaufe Dir einen Comput(a).

Erfolgsmenschen

Viele Menschen auf der Erde
haben immer die gleiche Beschwerde:
„Ich hatte noch keinen Erfolg in meinem Dasein,
ich bin ein armes Verlierer-Schwein."

Das ist nicht so, bitte glaubt mir,
wären wir keine Sieger, wären wir nicht hier,
denn wir waren auf alle Fälle
die schnellste Samenzelle.

Als wir in des Eies Hülle eingedrungen
haben wir einen glorreichen Sieg errungen.
Hatten viel Arbeit mit dem Teilen,
konnten dafür aber auch ein bisschen verweilen.

Millionen haben es nicht geschafft,
die hat es nach und nach dahin gerafft.
Sie waren zu langsam, waren zu schwach,
hatten sich verlaufen oder waren nicht wach.

Viele dachten schwimmend im Strom:
„Hoffentlich lande ich nicht im Kondom."
Andere dachten auf Ihrem Marsch:
„Hoffentlich gehe ich nicht bald in den A... ."

Spiellaune

Da sitzen sie und wollen spielen zu Zweit,
bereit
den anderen ohne viel fragen
zu schlagen.

Mit Ehrgeiz werden die Beiden beginnen,
um zu gewinnen.
Sie spielen Dame, Mühle oder Schach -
ohne Krach.

Doch verliert vielleicht eine die Lust,
schiebt Frust?
Weil sie sich nicht auf den ersten Platz gequält?
Weit gefehlt!

Man spielt zwar, um zu siegen, aber nicht um jeden Preis -
kein Scheiß,
sondern um der Seele Freude zu machen,
um zu lachen!

Migräne

Die Sonne scheint in diesem Zimmer nicht,
es ist kein Lächeln in Deinem Gesicht.
Die Augen zusammengezogen,
der Mund nach unten gebogen,
die Stirn in Falten geschmissen,
ich weiß, Dir geht es beschissen.

Daher hoffe ich, dass der Schmerz schnell schwindet
und sich in Deinem Gesicht wieder ein Lächeln findet.

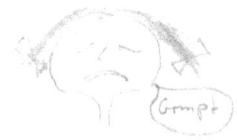

Depression

Meist treten sie auf an herbst'gen Tagen -
Fragen
über den Sinn des Lebens -
vergebens.

Die Gedanken treiben grau in grau,
wie ein Segelschiff ohne Wind, flau

Es sind immer wieder die selben Fragen:
Warum lebe ich in diesen Tagen?
Was ist der Sinn, ist der Zweck?
Ist noch was da, bin ich mal weg?
Soll das Leben jetzt so weiter gehen?
Wie eine U-Bahnfahrt im Stehen?
Mit einem Blick auf Tunnelwände?
Das wäre das Ende.

Auch wenn es einem nicht gefällt,
man ist gefangen in dieser Gedankenwelt.
Nur mit Hilfe wird es glücken,
aus diesem Gefängnis zu entrücken.

Ohne Hilfe schwindet jede Vision,
man fällt noch weiter in die Depression.
Die Spirale dreht sich immer tiefer, wie ein Fluch
bis er kommt, der erlösende Besuch.
Tritt ein
Freund Hein

Lampen

Zum Abend hin, da schleicht das Licht,
sich heimlich aus des Menschens Sicht.
bevor sich Schwärze über alles legen kann,
gehen hier und da die Lampen an.

Wenn die Nacht den Menschen mit Schwermut ernährt,
und dieser dann zwecks Heilung in die Kneipe einkehrt,
und wenn er mit dem Trinken nicht rechtzeitig aufhören kann,
dann gehen auch hier die Lampen an.

Abschied

Auf Wiedersehen, Adieu, Goodbye,
welches dieser Worte ist einerlei,
sie beinhalten ein schweres Herz
mit viel Abschiedsschmerz.

Abschied ist auch ein positives Wort,
bleibt man doch nicht immer fort.
sieht man sich wieder irgendwann,
ist die Freude umso größer dann.

Es sei denn Krokodilstränen sind geflossen,
den anderen hätte man am liebsten erschossen,
erwürgt, erstochen oder erhängt,
wer weiß, welcher Gedanke sich noch aufdrängt.

Man sollte sich dann nur unter Zeugen sehen,
am Besten noch aus dem Wege gehen,
sonst begeht der Eine noch 'nen Mord,
dann bleibt der Andere für immer fort.

NATUR
UND
REISEN

Bahn fahren

Morgens steig' ich in den Zug,
doch damit nicht genug,
am Endbahnhaus
steig' ich wieder aus

Manchmal sitz ich schlafend da, die Augen zu,
neben mir eine Dame, sie schläft auch in Ruh'.
Wir sollten uns vorstellen, vorm Ausstiegshafen,
wir haben ja immerhin zusammen geschlafen.

Doch was normalerweise zwischendurch passiert,
einen manches mal schockiert.
Ja, viel Aufregung ist dabei
an dieser Bahnreiserei.

Wenn der Zug mal wieder mit Verspätung startet
man morgens auf dem Bahnsteig wartet,
immer dichter wird die Menschenmenge,
das wird ein heftiges Gedränge.

Dann kommt der Zug, die Tür geht auf.
Die große Menge stürzt sich drauf.
Wer raus will, braucht dann ganz viel Kraft,
damit er es durch die Menge schafft.

Wer rein will, muss auch einiges ertragen:
nasse Regenschirme tropfen in den Kragen,
von vorn drückt mir ein Rucksack ins Gesicht
von links mir einer etwas in die Seite sticht.

Ich frag mich ständig: „wird es noch einen Sitzplatz geben,
Oder muss ich die lange Fahrt im Stehen erleben?"
Kann ich dann sitzend aus dem Fenster sehen,
hab ich es geschafft, ich muss nicht stehen.

Will ich mir nun Literatur zuführen,
ist von Ruhe nicht viel zu spüren.
Von vielen Ohren laute Musik her dröhnt,
mit dem Handy telefonieren, scheint nicht verpönt.

Lautstark wird geredet über Liebe, Leid und mehr
Nicht zuhören fällt da sehr schwer:
„Also ich hatte gestern mal wieder Sex mit *meinem* Mann,
ich wusste gar nicht, dass der das kann"

oder: „Warum kann ich bloß keine Frau erhaschen?"
der andere: „Vielleicht solltest Du Dich mal waschen!"
„Ich glaub nicht, das bringt keinen Nutzen."
„Stimmt, Du solltest auch die Zähne putzen"

Kommen wir jetzt zum Thema Duft.
Unzählige Gerüche liegen in der Luft.
Einige Leute riecht man, bevor man sie sieht,
meist kribbelt es in der Nase, wenn dies geschieht.

Bei manchen Düften wird man zum Hasser
von Trägern dieser Toilettenwasser.
Es gibt auch Düfte, die schmeicheln der Nase,
dann freue ich mich über so eine Phase.

Kaum widme ich meinem Buch wieder Aufmerksamkeit,
Aus den Lautsprechern der Schaffner schreit,
Er nennt den Bahnhof und die Anschlusszüge
und hört nicht auf, er wird nicht müde.

Wenn überraschend der Zug nicht mehr weiter will,
bleiben die Lautsprecher einfach still.
Quälende Minuten warte ich auf des Schaffners Stimme,
aber die Boxen bleiben stumm, das ist das Schlimme.

Die Fahrt geht weiter und irgendwann
komme ich am Endbahnhof an.
Gehe zur Arbeit, dort kann ich es dann tun:
endlich ausruhen!

Der Baum

Dem Boden als Sämling er entweicht.
Die Wurzeln nur knapp im Erdenreich,
wo sie Nahrung finden, da greifen sie zu
und werden stärker im Nu.

Jetzt steht ein junger Stamm schon da.
Ein jedem wird es nun ganz klar:
Jahre werden noch vergehen,
dann wird ein schöner Baum hier stehen.

Jahre in denen er es immer wieder schafft,
dem Wetter stand zu halten mit viel Kraft.
Sich mal zur Rechten und mal zur Linken neigt,
viele Äste bildet – sich verzweigt.

An diesen sprießt, was gar so schön
erst Knospen zart, dann des Blattes grün
Dadurch entsteht ein Blütenkleid,
das zu sehen ist - weit und breit.

So steht er dann in voller Pracht
Frühjahr bis Sommer, Tag wie Nacht.
Spendet Schatten, spendet Leben,
ohne ihn würde es das nicht geben.

Im Herbst wird er dann zum Malermann
und malt sich mit bunten Klecksen an.
Selbstlos schenkt er uns dann die Blätter,
sorgt somit für Farbe bei dem trüben Wetter.

Im Winter nackt zieht er sich dann,
Ein Kleid aus Schnee und Eiszapfen an.
Wartet auf den Frühling, sammelt Energie und Kraft,
um wieder zu erblühen in voller Leidenschaft.

Jahrein, jahraus, so läuft sein Leben,
aus Jahrhunderten kann er uns Geschichten geben,
stirbt dann alt und weise,
ganz leise.

Sylter Hymne

Dort wo der Frühling den Leuchtturm begrüßt,
und der Seehund am Morgen die Krabbe küsst;
wo die Kinder in Gummistiefeln im Wattenmeer spielen,
die Wellen der Sonne und dem Mond verfielen;
wo der Strand mit tausenden von Muscheln befüllt,
da bin ich richtig, denn da ist Sylt!

Im Zoo

Heute gehe ich mal wieder in den Zoo,
weil ich Lust habe, einfach nur so.
Viele verschiedene Tiere kann man dort seh'n
ist das nicht wunderschön?

Manchmal weiß, doch meistens braun,
große Tatzen, süß anzuschauen,
gefährlich sind sie beide sehr,
der Eis- und auch der braune Bär.

Beim nächsten Tier, da geh ich jede Wette,
denkt so mancher an die Toilette.
Ein jeder schiebt es dem anderen zu,
nicht ich, nein er, nein – Kakadu.

Ein anderer Vogel tritt auf in Scharen,
vor allem wenn wir einkaufen waren.
Fast jeder hat es schon erlebt – au weia -
da fliegt er schon, der Pleite-Geier.

Und dort hol ich mir einen Rüffel
vom mächtigen Vater Büffel.
Er ist ärgerlich, denn er weiß es schon,
er hat nämlich einen Bi-Sohn.

Da ist schon, der größte der Primaten.
Langer Hals, lange Beine, habt ihr es erraten?
Gelb gefleckt, wie ist das fein,
das kann doch nur der Gier-Affe sein.

Doch jetzt kommt etwas besonderes seiner Art.
Guckt mit Augenaufschlag, ganz apart.
Beim Gehen es mit den Hüften schwingt
und ein kleines Melodiechen singt.

Das Weibchen dabei die Brust betont,
das Männchen andeutet was bei ihm unten wohnt.
Auf zwei Beinen laufen sie – nicht vier,
das menschliche, in der Balz befindende Kokettier.

Venedig

Es gibt da eine Stadt am Wasser,
da sind die Menschen schneller nasser.
Zumindest an den Füßen kann es passieren,
wenn sie durch die Straßen marschieren.

Autos gibt es dort keine,
das ist das Feine.
Schiffe blasen Abgase in die Luft, die reine,
das ist das Gemeine.

Es gibt dort Schiffe geführt durch Manneskraft
und der Mann die Wege ganz locker schafft.
Diese Schiffe werden wie jedem bekannt
kurzerhand Gondeln genannt.

Der Gondoliere nimmt viel Bares auf die Kralle.
Er weiß, die Gondel ist eine Liebesfalle.
Denn singt er erst sein Liebeslied,
kaum einer das Küssen jemals vermied.

Doch warum sind die Gondeln schwarz, nicht bunt
da doch die Liebenden drin fahren zu jeder Stund'?
Warum müssen die Gondeln Trauer tragen,
werden sich viele Menschen fragen.

Das ist das Schicksal vom Liebesnest,
es hängt zusammen mit der Pest.
Interpretieren mag es jeder wie er will,
ich bleibe jetzt lieber still.

Sternenzelt

Gehe ich draußen, guck nach oben,
mein Mund sich nicht geschlossen hält,
die Wolken sind wie weg geschoben,
ich bin begeistert vom Sternenzelt.

Mein Hobbyisten-Blick kommt jetzt zum Tragen,
sehe Kassiopeia, Orion - weiter gehen meine Beine
und auf der Milchstraße fahren die Wagen,
der Große und der Kleine.

Wie Hans-guck-in-die-Luft gehe ich weiter,
sehe Sterne überall.
Bald direkt vor meinen Augen – leider,
weil ich gegen eine Laterne knall.

Die Tanne

Das Jahr wird immer älter,
die Tage werden kälter.
Die Tanne muss ihr Leben
für Rituale im Wohnzimmer geben.

Erst steht sie dort in ihrem grünen Kleid
wird gedreht und beschnitten, dann ist es so weit,
sie wird bunt behängt, also hübsch gemacht
und dann wird an die Geburt Jesu Christi gedacht.

So steht sie nun voll Ruhm und Stolz
und immer trockener wird ihr Holz.
Mit dem letzten Atemzug für wahr
leidet sie ins neue Jahr.

Die Walnuss

Du machst mich ganz benommen.
Ich muss Dich auf jeden Fall bekommen.
Ich bin süchtig nach Dir,
wie andere nach Zigaretten oder Bier.

Ich will Dich nehmen, das ist mein Bestreben
und ich hoffe, Du wirst mir alles geben,
dass Du mein Verlangen stillst
egal, ob Du es gerne willst.

Ich werde Dich jetzt ganz fest drücken.
Hab ich Dich geknackt, ist es mein Entzücken,
dann hol ich alles aus Dir raus, am Schluss.
Meine geliebte Walnuss.

FEIERTAGE
UND ANDERE
KÖSTLICHKEITEN

Karneval

Jetzt beginnt mal wieder die Zeit,
da sind die Menschen des öfteren bereit,
sie schlüpfen in andere Rollen,
weil sie es wollen.

So manch' biederer Mann
wirft sich in Frauenkleider dann.
In den Büstenhalter kommen Apfelsinen
und die Füße zieren Pömps mit Riemen.

Frauen kleben sich Bärte ins Gesicht,
vorne in der Hose geht es ohne Colaflasche nicht.
Die Brüste werden platt gedrückt,
irgendwie ist das verrückt.

Alaaf, Helau, so wird gegrüßt
und hinterher so mancher büßt,
vom Alkohol und Lust abschwört,
mal sehen, wie lange man darauf hört.

Frohe Ostern

Länger werden jetzt die Tage,
es ist Frühling keine Frage.
Die Sonne scheint, der Regen gießt
und überall neues Leben sprießt.

Bei einigen tanzen wie wild die Hormone,
da gibt es dann plötzlich eine "Simone".
Die einen spielen das Spiel: "Dich Liebe ich",
die anderen: "Bäumchen, wechsel Dich".

Dann gibt es noch die, die in die Kirche gehen,
die in Gedenken an das Auferstehen
die Feiertage dazu nutzen,
um gründlich Ihre Seele zu putzen.

Doch die meisten suchend durch die Gegend rasen,
zu finden die Eier vom Osterhasen,
um sie dann gemütlich zu verspeisen, in ihrem Nest.
Ich wünsche allen ein frohes Osterfest!

Das Sommerfest

Alljährlich findet es statt
mit Getränken und Essen satt
oft im Neversdorfer Nest,
das Sommerfest.

Es wird gegessen, getrunken, geklönt
Bewegung ist auch nicht verpönt.
Man feiert vom vergangenem Jahr den Rest,
auf dem Sommerfest.

Für jeden ist ein Spiel dabei,
machen kann man allerlei.
Ist nichts dabei, dann wird es sich fügen,
auf dem Sommervergnügen.

Es wird geritten, gelaufen, gehüpft.
Bis jetzt ist noch keiner entschlüpft.
Es wird gemalt und gebastelt, auch mit Knete
auf der Sommerfete.

Das Boot am Steg ist sehr begehrt.
Noch blieben alle unversehrt,
denn viele stürzen sich drauf, wie die Geier
auf der Sommerfeier.

Hat man nun ergattert das Boot,
ist nicht verletzt und nicht in Not,
dann rudert nur einer – nämlich Vati
auf der Sommerparty.

Man ist in Action, ist mittendrin,
ob mit oder auch ohne Sinn,
man bleibt hellwach und keiner pennt
auf dem Sommerevent.

Ist es zu Ende kommt die Traurigkeit
Doch ein jeder weiß Bescheid
Packt er auch heute ein den Rest,
nächstes Jahr gibt es wieder - ein Sommerfest

Die Sahne...

Ist Kuchen so trocken, dass er einem den Speichel raubt.
Mit anderen Worten, es also im Munde staubt,
vielleicht ist es auch ein Stück mit Beere oder Traube,
dann bekommt es gern mal eine Sahnehaube.

Es gibt auch viele, die werden fluchen:
„Nur so ein kleines Stück trockenen Kuchen.
Ich möchte lieber eine deftigere Sorte,
ein schönes und großes Stück Sahnetorte!"

In der Kaserne bei der Bundeswehr,
gibt es eine besondere Art Sahne, zum Beispiel beim Heer.
Um die Schlagkraft zu erhöhen unter der Deutschen Fahne
essen die Soldaten Kuchen mit Schlagsahne.

Männer kategorisieren Frauen so bald sie diese seh'n
in Werte von Nummer eins bis zehn.
Erreicht eine Frau eine Zahl oberhalb der Mitte,
nennt man sie meist eine Sahneschnitte.

Warum gibt es Weihnachtsfeiern?

Wenn das Laub in Farben spricht,
die Bäume halten ihre Blätter nicht,
wenn Amseln, Drosseln, Fink und Meisen
die Koffer packen und verreisen.

Dann steht das letzte Viertel vor der Tür,
also Quartal Nummero vier.
Der Gewinn muss stimmen, egal wie
Und alle müssen nochmal ran, wie nie.

Doch wie kriegt man diese lahmen Leute,
zu noch größerer Ausbeute,
dass sie freiwillig noch mehr schaffen
und viel mehr Geld zusammenraffen?

Jetzt wird es Zeit, sagt sich der Boss,
es muss eine Feier her für meinen Tross.
Dann arbeiten sie mit Freude schneller
und die Zahlen gehen nicht in den Keller.

Damit sie nicht den wahren Grund erfahren,
muss ich den Schein bewahren,
muss einen anderen Grund erfinden,
ihnen einen Bären aufbinden.

Passen muss es in diese Zeit,
dann kämen sie auch abends, egal wie weit.
Natürlich, ich hab's – wie fein.
Eine Weihnachtsfeier muss es sein.

Darum trinkt und esst, seid froh und heiter
und mit guter Laune geht es weiter,
Denn ich möchte es hier nochmal betonen,
der Arbeitgeber will uns nur belohnen.

Entscheidungen

Nun geht sie wieder los, die Zeit,
wo jeder, obwohl nicht gern bereit,
in Staus von Menschen sich zu stellen,
um Entscheidungen zu fällen.

Kauf ich das oder dieses lieber,
etwas anzuziehen oder einen Rechenschieber,
oder vielleicht auch viel
lieber eine neues Spiel?

Ein Musikinstrument zum Lieder machen,
oder ein Buch mit Witzen, um zu lachen?
Einen Ring fürs Ohr oder die Hand,
bei manchen auch für die Nasenwand?

Ich weiß nicht, warum man sich diesen Stress machen muss,
ich habe in dieser Zeit viel mehr Genuss.
Für mich stehen diese Entscheidungen nicht an,
denn ich überlasse alles dem Weihnachtsmann!

Ein Weihnachtsgedicht

Die Bäume verlieren ihr hübsche Kleid
und warten, dass es endlich schneit.
Wenn sie das Weiß dann festlich ziert
wird ihnen warm und keiner friert.

Nur die Tannen ziehen sich nicht aus,
denn sie nimmt man jetzt ins Haus.
Festlich schmückt man sie gar sehr
gebettet in ein Lichtermeer.

Es ist die Zeit voll Kerzenschein,
voll Nüssen, Äpfeln, selig sein,
Gerüche voll Begehrlichkeit,
Ja – es ist jetzt Weihnachtszeit.

Die Zeit, in der man sich besinnt
auf die Familie mit oder ohne Kind
und ein Wunsch ein jeder hält:
Es werde Frieden auf der Welt.

Zeit des Besinnens

Stille Nacht, heilige Nacht,
jetzt wird wieder daran gedacht.
Tannenbäume werden aufgestellt,
Kerzenlichter erhellen die Welt.

Die Zeit des Besinnens ist gekommen,
hat unsere Herzen im Sturm genommen.
Auch ist jetzt nicht mehr
das Verzeihen so schwer.

An unsere Lieben denken wir,
sind sie drüben oder hier.
Freud und Wehmut wechseln sich
und man sagt: „Ich denk an Dich!"

FAMILIE

Brief an einen Säugling

Wann immer Deine Eltern Dich erziehen wollen,
solltest Du schreien oder auch grollen.
Wenn sie dann von Pontius zu Pilatus hetzen,
weißt Du, Du konntest Dich wieder mal durchsetzen.

Sicherlich musst Du Deine Eltern auch mal belohnen,
Du darfst ja immerhin bei ihnen wohnen.
Doch lass' sie bloß nicht zu oft allein,
sonst bekommst Du noch ein Geschwisterlein.

Dann ist es vorbei mit Ruhe und Genügsamkeit,
dann haben sie für Dich nur noch wenig Zeit.
Drum gib ihnen viel Peitsche und ein bisschen Zuckerbrot,
so bleibst Du Prinz und kommst nicht in Not.

Eltern

Ein Baby zu haben, das ist doch nett,
ist es nun dünn oder auch fett.
Für die Eltern ist die Entscheidung gefällt,
es ist das schönste und süßeste Baby der Welt.

Man muss sich mal vorstellen, wie abstrus das ist,
da freut man sich, wenn es in die Windel pisst.
Und wenn es noch ein Häufchen dazu packt,
erzählen die Eltern stolz: „Jetzt hat es gekackt!"

Sie nehmen das Kind und öffnen die Windel,
vom Geruch ergreift einem fast der Schwindel,
doch stolz beginnt jetzt das Ratespiel
was hat es gegessen und wie viel?

Nur kurz währt die Freude, dann ist sie vorbei,
es beginnt das Babygeschrei.
Dauert ein viertel Jahr das Quieken,
dann sind es die Drei-Monats-Koliken.

Das Kind wird größer und auch kess,
jetzt beginnt der richtige Stress.
Pausenlos ist es am babbeln,
viel schlimmer noch, es kann jetzt krabbeln.

Kommt überall hin und zieht an Tischdecken,
das gibt dann hübsch-hässliche Kaffee-Flecken.
Und an allem wird dran 'rumgeschleckt,
bevor es in den Mund gesteckt.

Auch ist so manches kleine Stück – unumwunden -
mal eben kurz in der Nase verschwunden.
ebenso kommt es immer wieder vor,
es verschwindet – schwupps - in Babyleins Ohr.

Fast wöchentlich kommt es jetzt zum Arztbesuch.
Man hat den Eindruck, davon kriegt es nicht genug.
Röteln, Scharlach, gebrochene Knochen,
jeden Tag ist was am Kochen.

Eltern planen, organisieren, stoßen alles um,
es kommt was dazwischen, also alles andersherum.
So kommt es, wie es kommen muss,
von Freunden bekommt man den Abschiedskuss

Jetzt kommt die Phase, da freuen sich die Eltern nicht,
sie sind nicht wie früher davon erpicht.
da wird es verheimlicht, hat das Kind in die Windel gemacht,
kein Wunder es ist ja jetzt auch schon acht.

Kaum ist es acht, da wird es schon zehn,
wird pubertär, will auf eigenen Beinen steh'n,
lässt sich nichts mehr sagen, ist nur noch am motzen,
kurz gesagt – es ist einfach zum kotzen.

Doch gibt es auch Phasen, da drückt es sich an deinen Busen,
einfach nur so, will nur mal schmusen,
fängt an mit dir zu reden, gibt Probleme preis,
irgendwie stolz hörst du zu und sagst: „ich weiß!"

Und plötzlich ist es so weit, vor dir steht der Feind,
der Kerl, der mit deiner Tochter in Liebe vereint.
Sie sprechen von Heirat und das so geschwind.
Gerade eben war sie doch noch ein Kind.

Dein Sohn nimmt dich beiseite und gesteht,
dass er mit der Frau, mit der er geht
ein Kind gezeugt hat in einer heißen Nacht,
er hatte wohl nicht an ein Kondom gedacht.

Kaum war das Haus voll, ist es schon leer,
die Ruhe ertragen Eltern nur schwer.
Keine Kinder, die schreien und brüllen
und die Tage mit Unerwartetem füllen.

Jetzt fangen sie an, die Tage bewusst zu leben
und haben doch nur ein Bestreben.
Die Eltern machen sich bereit
auf die nun folgende Großelternzeit.

Bruder

Als ich dich zum ersten mal gesehen,
konnte ich es erst nicht verstehen.
Es war, als kannte ich dich schon lange.
Der Gedanke machte mich irgendwie bange.

Ich dachte bei mir 'ist ja cool',
jetzt bist du also auch noch schwul'.
Nicht, dass es schlimm wäre, keine Frage
nur verwirrte es mich diese Tage.

Liebe fühlt sich irgendwie anders an,
das erkannte ich dann doch daran,
dass ich ein Mädchen hatte zu der Zeit,
nein – es war das Gefühl der Brüderlichkeit.

Ein gleiches Schicksal hatte uns verbunden,
unsere Väter waren einfach verschwunden.
Hatten nicht mal Zeit „Auf Wiedersehen" zu sagen,
Wir mussten sie zu Grabe tragen.

Nun hatte ich einen Bruder, nicht nur Schwestern.
Die zickten und bissen, waren nur am lästern,
lachten über die Jungs-Probleme,
hatten dafür nichts als Häme.

Mit dir konnte ich reden Nächte lang,
wir zogen immer an einem Strang.
Wir waren nicht so, wie die anderen Jungs-Horden,
denn wir sind zu Blutsbrüdern geworden.

Blindes Vertrauen hat uns Kraft gegeben.
In manchen Situationen war das ein Segen.
Wir brauchten nicht reden um uns zu verstehen,
wir brauchten uns dafür nicht einmal anzusehen.

Manche Eheleute wären froh,
liefe das auch bei ihnen so.
Natürlich gab es auch mal Streit,
aber nie war er für die Ewigkeit.

Und heute, wie ist es in der Gegenwart?
Wir sehen uns nur noch selten, das ist hart.
Ist der Weg zueinander auch noch so weit,
in Gedanken treffen wir uns zu jeder Zeit.

Wenn wir uns sehen, ist es unser Erstreben,
die gemeinsame Zeit voll auszuleben.
Einer an der Pinne, der andere am Ruder
wir brauchen uns beide, Ich und mein Bruder.

Kino

Neulich sagte meine Frau ganz süffisant:
„Ich hatte ihn lange nicht mehr in der Hand."
Mit großen Augen begann ich ihr zuzuhören,
schweigend, um ihren Gedankenfluss nicht zu stören.

Nun sah sie mich an und lacht:
„Genau das hatte ich mir gedacht.
Wenn ihr Männer auf Sex schließen könnt,
ist uns Frauen das Zuhören gegönnt."

Breit grinsend stimmte ich ihr zu
und sie erklärte mir im Nu:
„den Artikel mit den Tipps meinte ich hier,
ins Kino gehen wollte ich mit Dir.

Einen Liebesfilm so schreiben sie,
zartfühlend und rührselig wie nie.
Wo man Taschentücher mitnehmen soll,
da gehen wir hin, das fände ich toll."

„Diesmal kriegst Du mich nicht zu so einer Schnulze rum,
ich will was sehen mit viel Peng und Bumm,
mit Verfolgungsjagden und Kampfszenen
und nicht so'n Scheiß mit vielen Tränen."

Was darauf folgt ist jedem klar,
das Leben schreibt es, oh wie wahr.
Der Liebesfilm der wurd' gesehen
und danach ist auch noch was geschehen...

Liebesgedicht

Sofort war es um mich geschehen,
meine Gedanken konnte ich nicht mehr lenken.
Seit ich Dich das erste Mal gesehen,
muss ich immer an Dich denken.

Deine Augen leuchten wie die Sterne
am wolkenlosen Himmelszelt.
Deine Stimme gibt mir die Wärme
in dieser ach so kalten Welt.

Ich möchte Dir nah sein an jedem Ort,
Deinen Duft in meiner Nase spüren,
möchte Dich halten immerfort,
meine Hände über Deinen Körper führen.

Ich möchte Leidenschaft erleben,
jede Faser Deines Körpers küssen.
Möchte Dir meine ganze Liebe geben
und möchte Dich nie entbehren müssen.

Woman In Anger

If you hear that a man lives together
with two women, Sue and Heather.
It's not good, it's a sin you think.
The first reaction, you will shrink.

But the voice inside will build a plan,
to destroy the sin, if you can.
You are telling everyone,
that you seduced him – well done.

A few weeks later the man falling blue,
cause there's no Heather and no Sue.
His wife and his daughter, they are going forever.
Except you telling the truth, but you do it never.

Im Kaufhaus

Neulich habe ich geflucht,
denn da habe ich versucht,
in einem Kaufhaus großer Sorte
einen Heber zu kaufen, für eine Torte.

Mit diesem Geschenk, so war es mein Plan,
komme ich bei meiner Tante an.
Zum Geburtstag mit leeren Händen wäre fatal,
immerhin jährt er sich zum 90. mal.

Ich suchte also in diesem Kaufhaus herum
und konnte nichts finden, einfach zu dumm.
Dann fragte ich jemanden nach diesem Gerät,
der sagte zu mir: "Ich habe jetzt Feierabend, Sie sind zu spät."

Ein anderer Kollege schickte mich durch engste Gänge,
das war vielleicht ein heftiges Gedränge.
Endlich sagte mir ein Verkäufer dann:
"Ein Heber, klar, drittes Regal links, da hängt er dann."

Ich stand davor und grollte,
ein Wagenheber war nicht das, was ich wollte.
Aber Tantchen fährt jedes Jahr einmal nach Rom,
ich dachte, vielleicht braucht sie dort ja ein Kondom.

Sie schaute mich mit entsetzten Augen an
und fragte mich, ob ich das ernst meinen kann.
Ihr ein Kondom zu schenken, das wäre ein Graus,
damit käme sie doch längst nicht aus!

Opa

Opa hat Geburtstag heute.
Zu Besuch ist die gesamte Familienmeute
Zum Mittag gibt es einen Festtagsschmaus
Spiegeleier auf Hamburger Labskaus

Opa isst dies ja so gerne,
denn seine Zähne liegen in der Ferne
Er vergaß sie bei Frau Schneider
 - leider.

Der Opa fliegt immer noch in seinem Alter
von Blüte zu Blüte, wie ein Falter.
Das braucht er auch, darauf ist er erpicht,
denn kochen kann er nun wirklich nicht.

„Um eine Frau herum zu kriegen,
musst Du sie loben, in Sicherheit wiegen.
Dann musst Du ihre Kochkunst loben,
schwupps - wirst Du mit ihr im Bette toben."

So sagt Opa. Es klappt tatsächlich.
Doch spricht Opa zu mir verächtlich:
„Du Trottel, nach dieser Nacht musst Du verschwinden,
sonst wird Sie ganz schnell den Sack zubinden.

Auch hier hatte Opa recht,
er kennt sich aus mit dem anderen Geschlecht.
Jetzt habe ich Familie und kein Geld,
Ich bin also ein normaler Mann auf dieser Welt.

Opa aber lebt in Saus und Braus,
kehrt ein in dieses und in jenes Haus,
lässt sich bekochen und hat Fun,
so lange er noch stehen kann.

LEBENSABEND

Geburtstagsglückwunsch zum 50.

Na, was kann in diesem Gedicht schon stehen?
Heute ist was Besonderes geschehen.
Du hast es geschafft, Du hast es erreicht,
mit etwas Magendrücken - schweren Herzens vielleicht.

Vorsichtshalber werde ich die Zahl nicht nennen,
denn einige wollen sich dazu nicht bekennen.
Dabei bist Du jetzt eine Frau doppelt jung,
denn mit 2x25 hat man doppelten Schwung

Ups, jetzt ist es mir raus gerutscht,
Du bist der 49 entflutscht.
Brauchst nicht versuchen dich an ihr festzuhalten,
denn das Alter kann sich als sehr schön entfalten.

Sieh, in der Mitte Ihres Lebens kriegt die Raupe einen Wink
und entpuppt sich dann als schöner Schmetterling.
Du siehst also, unwichtig ist Dein Alter,
Du bist und bleibst ein besonderer Falter!

Hochprozentig

Ich trinke auf dein Wohl Marie,
schön warst Du auch früher nie.
Schöner wirst Du, wenn ich sauf',
drum trink ich Alkohol zu hauf'.

Du trinkst auf mein Wohl Marie,
ein Gentleman war ich noch nie.
Da warst Du wohl mal schlecht drauf,
drum trinkst Du Alkohol zu hauf'.

Schon damals als wir uns getroffen,
haben wir ordentlich gesoffen.
Konnten kaum noch aus der Wäsche gucken,
dafür um so besser schlucken.

In die Arme sind wir uns gefallen,
kurz bevor wir auf den Boden knallen.
Da wir uns schon in den Armen lagen,
konnten wir auch gleich die Ehe wagen.

Um nicht nach dem Alkohol zu gieren,
werden wir den Beischlaf praktizieren.
Doch Sex allein, das ist doch hohl,
drum bleiben wir beim Alkohol.

Ist nicht einfach seinen Mann zu stehen,
hat man zu tief ins Glas gesehen.
die Frau stöhnt nicht vor Zufriedenheit,
sondern wegen Übelkeit.

Die Zeit vergeht, die Jahre fliegen,
den Alkohol werden wir nie besiegen.
Doch freuen wir uns ganz ungeniert,
für die Nachwelt sind wir konserviert.

Himmel und Hölle

Wenn himmelwärts die Englein fliegen,
Du konntest den Tod nicht wirklich besiegen,
anders gesagt, wenn Du gestorben bist,
und die Himmelswesen neben Dir vermisst,

dann muss ich Dir leider sagen,
Du solltest Dich vielleicht mal fragen,
ob Du nicht aufwärts, sondern abwärts gehst,
während Dein Körper so langsam verwest.

Erkennen kannst Du es an dem roten Männchen
mit einem Pferdefuß und langem Schwänzchen -
hinten wachsend, nicht was Du jetzt denkst.
Kein Wunder, dass Du abwärts lenkst!

Im Krankenhaus

Operationen müssen manchmal sein,
meist muss man dann in ein Krankenhaus 'rein.
Viele Antworten muss ich geben,
auf viele intime Fregen.

Endlich werde ich in ein Zimmer gebracht,
dort verbringe ich dann die Nacht.
Am nächsten Morgen wird erst mal nichts gegessen,
sondern Fieber und Puls gemessen.

Die Schwester schüttelt entsetzt das Haupt,
sodass man an den Tod schon glaubt.
Nüchtern bleiben muss ich – nicht vergessen,
also wird es nichts mit trinken oder essen.

Am späten Vormittag höre ich einen Donner grollen.
Es sind die Magennerven, die was von mir wollen.
Mittags kommt er endlich, kurz vor der OP,
der Chirurg, direkt aus St. Tropez.

Ich sag zu ihm: "Dann will ich mich mal aufmachen."
da fängt er ungeniert an zu lachen:
"Aufmachen werde ich Sie, das ist mein Job,
von Hals bis Bauchnabel, dann mach ich wohl Stopp."

Dann erzählt er mir von Chancen und Risiko,
das macht mich nicht gerade froh.
Im schlimmsten Fall könnte es zum Tode führen,
durch die Narkose werde ich das aber gar nicht spüren.

Das ist schön, kehr ich ein in den Todeshafen,
kann ich dabei sogar noch schlafen.
Da muss ich mich mit dem friedlichen Ableben
einfach mal zufrieden geben.

Doch Gott sei Dank, ich blieb am Leben,
ehrlicherweise war das auch mein Bestreben.
Das Problem haben Sie, dass ich genesen,
Sie müssen diesen Mist jetzt lesen.

Altern

Fühlt man sich jung, ist doch schon alt,
zu merken ist es doch sehr bald.
Die Leute hören zwar jetzt öfter zu,
man selber hört nichts, hat jetzt Ruh'.

Jedoch ist Altern gar nicht so verkehrt,
meist wird man im Alter erst geehrt.
Man kann sagen, was einfallend einen beglückt,
entweder man ist dann weise oder nur verrückt.

Doch arbeiten mit Hochdruck viele daran,
dass man nicht mehr altern kann.
Mit Nachdruck möchte ich für's älter werden werben,
denn die Alternative wäre das Sterben.

Der Tod

Manchmal klopft er fragend an,
ob er bitte reinkommen kann;
umwirbt, ja streichelt einen fast
doch plagend wird er oft zur Last.

Manchmal kommt er mit großer Gewalt,
brutal und in unterschiedlichster Gestalt.
Greift nach einem, nimmt einen mit
auf seinem ungestümen Ritt.

Doch mancher geht selbst auf ihn zu
und ruft nicht: „lass mich in Ruh'!"
sondern „erlöse mich aus meiner Not
Lieber Tod!"

**FREIGEGEBEN
AB
16 JAHREN**

Assoziationen

Es gibt Assoziationen,
die unser Gehirn bewohnen,
die man, wenn man sie genau betrachtet,
am Besten gleich in den Müll verfrachtet.

Gerade wenn der Frühling einkehrt,
sich solches Gedankengut vermehrt.
Dann verteilen die Hormone so manchen Hieb
und zum Vorschein kommt der reine Trieb.

Bei Männern kennt man das ja schon,
doch auch bei Frauen steigt das Hormon.
Mit den Gedanken kämpft dann der Mann,
denen er meist nicht gerecht werden kann.

Frauen gucken Männern erst ins Gesicht,
Nein – in die Augen sicher nicht.
Sie sehen sich ganz genau die Nase an,
weil Frau daraus auf den ....(na ja).... schließen kann.

Auch tragen Männer, das ist wirklich war,
schon mal ganz gerne langes Haar.
Dieses gebunden dann, zu einem Zopfe ganz,
bitte glauben Sie mir, es h e i ß t nur Pferdeschwanz.

Paaresbezeichnungen

Wenn sich Frau und Mann beringen,
sich also gegenseitig in die Ehe zwingen,
nennt man die Beiden ganz ohne Scham
Braut und Bräutigam.

Später ist sie als Gattin verschrien
bis sie ein Kind kriegt, zum verzieh'n.
Dann nennt man sie nur noch ganz lau
Mutter oder auch Putzfrau.

Für den Mann werden andere Maßstäbe gelegt,
wichtig ist, ob sich bei ihrem Anblick, bei ihm noch was regt.
Man kann auch sagen, man nennt ihn so lange Gatte,
serviert er ihr morgens 'nen Kaffee mit Latte.

Doch schlimm ist es, au wehe,
leben sie in wilder Ehe.
Als Schlampe bringt sie ihm morgens den Becher
und er ist und bleibt einfach nur ihr Stecher.

Muskeln oder Hausputz

Männer denken Frauen stehen drauf,
drum bauen sie viel Muskelmasse auf.
Sie stemmen Gewichte und glauben für'n Schweiß
gibt es endlich die Gunst einer Frau zum Preis.

Frauen finden zwar Männer, die gut gebaut
mit kräftigem Hintern und straffer Haut,
ansprechend, vielleicht sogar anbeißend, doch nie
so richtig, so wirklich und in echt sexy.

Dies hat nun eine Studie belegt,
in der überraschender Weise steht,
dass der Mann, der im Haushalt viel macht,
die erotische Seite der Frau anfacht.

Mit anderen Worten: spülen, kochen, putzen
ist beim Sex mit Frauen von Nutzen
und der Mann, der sich beschäftigt mit Fettabbau
ist und bleibt eine arme Sau.

Männersünden

Aus unerfindlichen Gründen
begehen Männer immer Sünden.
Zumindest sagen das die Frauen,
wenn sie in unsere Augen schauen.

Es wird dem Manne nachgesagt,
dass nur Unordnung ihm behagt.
Wenn überall Klamotten liegen,
so nur um Platz im Schrank zu kriegen.

Auch wird immer wieder festgestellt,
'ne Wurst schmeckt erst, wenn sie sich wellt.
Mal hier, mal dort liegt Pizzarest,
in der Kaffeekanne ist der Sud schon fest.

Schimmelkäse trägt zu recht den Namen,
übergeben hat sich auch schon Carmen.
Die Toilettenspülung wird nur selten genutzt.
Ungefähr in gleichem Maße wird das Klo geputzt.

Wohlgemerkt passiert dies nur
vor dem ehelichen Schwur.
doch prüfe genau wer sich ewig bindet,
bevor er in der Ehe verschwindet.

Denn meistens kann
dann der Mann
ist es nun Acht
oder mitten in der Nacht
im Ernst nicht mehr
schlafen nach dem Sex, dem Verkehr.

Denn er muss geschwind
nach Haus, zu Frau und Kind.

One-Night-Stand

Alle Männer brüsten sich, nur ich noch nicht,
ob Kavalier, Playboy oder böser Wicht,
ich will es jetzt auch mal genießen, hab es bis heute verpennt,
den sagenumwobenen One-Night-Stand.

Aufgeputscht durch die Männerrunde,
erkläre ich zu Hause eben diese Kunde.
Meine Frau guckt mich an, sie glaubt es kaum
und geht wortlos in einen anderen Raum.

Kurze Zeit später kommt sie wieder,
lächelnd beugt sie sich zu mir 'rüber:
"Ich hätte nicht gedacht, dass Dein Ego es braucht,
Du bist nicht mehr der Jüngste, Du weißt, dass es schlaucht!

Dass Du es wünschst, das kann ich verstehen,
Sehnsucht danach kann ich in Deinen Augen sehen.
Ich bin einverstanden, mach es heute Nacht - oh ja,"
spricht sie und gibt mir fünf Viagra.

Vom Grundsatz her hat es Spaß gemacht.
Für meine Frau war es eine tolle Nacht.
Irgendwann kamen die Schmerzen – meine Herren Länder,
ganz schön anstrengend so ein Eine-Nacht-Lang-Ständer.

Männer sind gar nicht so

Ich muss es hier und jetzt mal wagen,
für uns Männer eine Bresche zu schlagen.
Schlechtigkeiten werden uns ständig nachgesagt,
am Selbstbewusstsein dieses ganz schwer nagt.

Frauen sagen immer wieder:
„Männer, setzt euch beim Pinkeln nieder!"
es hat medizinische Gründe, müsst ihr wissen
wenn wir im Stehen pissen.

Die Prostata zu groß, die Blase zu klein,
dadurch quetschen wir sie im Sitzen ein.
Ein schwacher Rinnsal, schnell zu Ende,
nur Stehen bringt die erleichternde Wende.

Eine große Prostata kommt dann zum Tragen,
wenn sie nichts tut, das kann ich euch sagen.
Wenn also Männer im Stehen Wasser lassen,
Haben sie Sex nicht gerade in Massen.

Auch gibt es Männer, die beim Urinieren,
die Klobrille mit ihrem Saft beschmieren.
Die sind spät dran, die Blase kurz vorm Krachen,
die würden sonst in die Hose machen.

Wird darauf bestanden, dass er die Brille hebt,
dann ist es für ihn meistens zu spät.
Und meine Damen, wie fänden sie das?
Neben Ihnen geht ein Mann, die Hose nass.

So, und was kommt jetzt?
Dass der Mann von einer Frau zur anderen hetzt,
um sie, wie die Karnickel oder auch Ratten,
mal eben kurz zu begatten.

Frauen sind enttäuscht, wenn Männer sie betrügen.
Doch glauben Sie mir, für uns ist das kein Vergnügen.
Es ist ein Gen aus der Urzeit, es regelt das Revierverhalten,
da geht es einzig darum, die Arterhaltung zu gestalten.

Doch sollten die Frauen es positiv seh'n,
nur wenige Männer haben dieses Vermehrungsgen.
Bei anderen wird es dem Jagdgen zugeschrieben,
denn dies ist aus der Urzeit auch geblieben.

An Stelle des Wildes die Frauen traten,
hinterher gibt es meist einen Braten.
Die Frau ist die Dumme, früher wie heute hier,
sie hat die Arbeit alleine und lebt von Hartz IV.

Wenn sie Glück hat wird heute für das Kind gezahlt
still und heimlich, bloß nicht geprahlt.
Deswegen sagt Frau, Männer wollen nur das Eine,
wie im bekannten Lied – sie sind halt Schweine.

Auch heißt es, Männer wollen nur hübsche Frauen,
um mit denen gleich wild rumzusauen.
Für Männer zählen nur Äußerlichkeiten,
große Brüste, blonde Haare, gut zum Reiten.

So sind Männer nicht, bitte glaubt mir
zumindest nicht vor dem dritten Bier.
Uns interessiert der Charakter, einzig und allein
und nicht diese ganzen Schweinereien.

Männer wie Frauen, ziehen an einem Strang,
nur die inneren Werte sind für uns von Belang.
Und um die inneren Werte zu erhaschen,
müssen wir die Frauen aufreißen und vernaschen!

Frauenbrüste

Auch wenn es der Damenwelt
in gewisser Weise nicht gefällt,
muss ich gestehen: Ihre Brüste
wecken in mir sehnsuchtsvolle Gelüste

Die Form an sich, die ist egal,
ob Birne, Apfel, rund, oval,
sind sie nun groß oder sind sie klein,
sie laden mich zum gucken ein.

Am liebsten, möchte ich sie berühren,
mit Streicheln zärtlich sie verführen,
mit tausend Küssen ihre Haut benetzen,
an ihnen knabbern, ohne zu verletzen.

Mit meiner Zunge möchte ich sie erkunden,
immer wieder die Brustwarze umrunden,
möchte diese mit meinen Lippen umschließen
und denke mir: Wir beide würden es genießen.

Dann wach ich auf und denk Du Sau,
Du hast doch eine liebe Frau
und ich muss gestehen: ihre Brüste
wecken in mir animalische Gelüste.

Die Liebe

Als sie das erste Mal vor mir stand,
wand sich um mein Herz ein Band.
Ein Gefühl der Ohnmacht breitete sich aus
und Schmetterlinge gingen bei mir ein und aus.

Mit einem Lächeln sieht sie mich an,
dem man einfach nicht widerstehen kann.
Ich sehe nur noch sie – welch Lohn,
ich glaube, ich starre schon.

Als wir uns dann in die Augen sehen,
ist es um mich sofort geschehen.
Alle Sorgen sind plötzlich weg,
bei ihrem Blick – klar, offen, ein wenig keck.

Mit ihrem Sexappeal, sie nicht gerade geizt,
was mich ehrlicher Weise angenehm reizt.
Ich wünschte ich gäbe mich ihr völlig hin,
ohne Verstand und ohne Sinn.

Doch viele werden jetzt wohl lachen,
ich möchte mit ihr noch andere Dinge machen,
möchte ihr Geborgenheit geben,
mit ihr Harmonie erleben.

Nicht nur Flüssigkeiten möchte ich mit ihr tauschen
nein, auch möchte ich ihren Geschichten lauschen,
ernsthafte Gespräche mit ihr führen,
ich möchte, dass sich unsere Seelen berühren.

Denn Liebe ist nicht nur des Fleisches letzter Schluss,
sondern auch – und vor allem – ein Seelenorgasmus!

Danksagung

An dieser Stelle kommt, was kommen muss:
Der Dankesgruß
an Familie und Freunde, die jederzeit
für Hilfe und Kritik waren bereit.

Insbesondere an meine Frau und meine Kinder
und nicht minder
an meinen „Bruder"
dem Luder!

und
Tschüss